TITRE II.

Des Actes destinés à constater l'État civil.

Rédaction arrêtée au Conseil, et revue par la Section de Législation.

DISPOSITIONS GÉNÉRALES.

ART I.ᵉʳ Les actes de l'état civil énonceront l'année, le jour et l'heure où ils seront reçus, les prénoms, noms, âges, professions et domiciles de tous ceux qui y seront dénommés.

II. Les officiers de l'état civil ne pourront rien insérer dans les actes qu'ils recevront, soit par note, soit par énonciation quelconque, que ce qui doit être déclaré par les comparans.

III. Dans les cas où les parties intéressées ne seront point obligées de comparaître en personne, elles pourront se faire représenter par un fondé de procuration spéciale et authentique.

IV. Les témoins produits aux actes de l'état civil ne pourront être que du sexe masculin, âgés de vingt-un ans au moins, parens ou autres : et ils seront choisis par les personnes intéressées.

V. L'officier de l'état civil donnera lecture des actes aux parties comparantes, ou à leurs fondés de procuration et aux témoins. Il sera fait mention de l'accomplissement de cette formalité.

VI. Ces actes seront signés par l'officier de l'état civil et par tous les comparans, ou mention sera faite de la cause qui empêchera ces derniers de signer.

VII. Les actes de l'état civil seront inscrits dans chaque commune sur un ou plusieurs registres tenus doubles.

VIII. Les registres seront cotés par première et dernière, et paraphés sur chaque feuille, sans frais, par le président du tribunal de première instance, ou par le juge qui le remplacera.

IX. Les actes seront inscrits sur les registres, de suite, sans aucun blanc et conformément aux modèles. Les ratures et les renvois seront approuvés et signés de la même manière que le corps de l'acte. Il n'y sera rien écrit par abréviation, et aucune date ne sera mise en chiffres.

X. Les registres seront clos et arrêtés par l'officier de l'état civil, à la fin de chaque année. Ils seront déposés dans le mois, l'un aux archives de la commune, l'autre au greffe du tribunal de première instance.

XI. Les procurations ou les autres pièces dont la représentation sera exigée pour la rédaction des actes de l'état civil, demeureront annexées au registre qui devra être déposé au greffe du tribunal, après qu'elles auront été paraphées par la personne qui les aura produites et par l'officier de l'état civil.

XII. Toute personne pourra se faire délivrer par les dépositaires des registres de l'état civil, des extraits de ces registres. Ces actes, et les extraits délivrés conformes aux registres, et légalisés par le président du tribunal de première instance, ou par le juge qui le remplacera, feront foi jusqu'à inscription de faux.

XIII. Lorsqu'il n'aura pas existé de registres, ou qu'ils seront perdus, la preuve en sera reçue tant par titres que par témoins ; et dans ce cas, les naissances, mariages et décès pourront être justifiés, tant par les registres ou papiers domestiques des pères et mères décédés, que par témoins, sauf la preuve du contraire par les parties intéressées.

XIV. Tous actes de l'état civil des Français et des étrangers, faits en pays étrangers, feront foi, lorsqu'ils auront été rédigés dans les formes qui y sont usitées.

XV. Dans tous les cas où la mention d'un acte relatif à l'état civil devra avoir lieu en marge d'un autre acte déjà inscrit, elle sera faite d'office par l'officier de l'état civil, ou à la requête des parties, sur les registres courans ou sur ceux qui auront été déposés aux archives de la commune ; et par le greffier du tribunal de première instance, sur les registres déposés au greffe.

XVI. Toute contravention aux articles ci-dessus, de la part des fonctionnaires y dénommés, sera punie d'une amende qui ne pourra excéder 100 francs.

XVII. Tous dépositaires des registres seront civilement responsables des altérations qui y surviendront.

XVIII. Toute altération, tout faux dans les actes de l'état civil, toute inscription de ces actes faite sur une feuille volante et autrement que sur les registres à ce destinés , donnneront lieu aux dommages-intérêts des parties , sans préjudice des peines portées au code pénal.

XIX. Le commissaire du Gouvernement près le tribunal de première instance sera tenu de vérifier l'état des registres lors du dépôt qui en sera fait au greffe ; il dressera un procès-verbal sommaire de la vérification , dénoncera les contraventions ou délits commis par les officiers de l'état civil , et requerra leur condamnation aux amendes.

XX. Dans tous les cas où un tribunal de première instance connaîtra des actes relatifs à l'état civil , les parties intéressées pourront se pourvoir contre le jugement, par appel , ou par toutes autres voies de droit.

SECTION I.ʳᵉ

Des règles particulières aux Actes de naissance.

XXI. Les déclarations de naissance seront faites , dans les trois jours de l'accouchement , à l'officier de l'état civil du lieu : l'enfant lui sera présenté.

XXII. La naissance de l'enfant sera déclarée par le père , ou , à défaut du père , par les officiers de santé , ou autres personnes qui auront assisté à l'accouchement ; et lorsque la mère sera accouchée hors de son domicile, par la personne chez qui elle sera accouchée.

L'acte de naissance sera dressé de suite en présence de deux témoins.

XXIII. Le jour , l'heure et le lieu de la naissance, le sexe, le prénom qui sera donné à l'enfant, les prénoms, noms, profession, domicile des père et mère , et ceux des témoins , seront exprimés dans l'acte de naissance.

XXIV. Toute personne qui aura trouvé un enfant nouveau né , sera tenue de le remettre à l'officier de l'état civil , et de lui déclarer les vêtemens et signes extérieurs trouvés avec l'enfant, et toutes les circonstances du temps et du lieu où il aura été trouvé.

Il en sera dressé un procès-verbal détaillé qui énoncera l'âge apparent de l'enfant , son sexe, les noms qui lui seront donnés, l'autorité civile à laquelle il sera remis ; il sera inscrit sur les registres de naissance.

XXV. Si l'enfant naît pendant un voyage de mer, il en

sera dressé un acte dans les vingt-quatre heures, en présence du père, s'il est présent, et de deux témoins pris
parmi les officiers du bâtiment, ou, à leur défaut, parmi les
hommes de l'équipage ; savoir, sur les bâtimens de l'État,
par l'officier d'administration de la marine ; et sur les bâtimens appartenant à un armateur ou négociant, par le
capitaine, maître ou patron du navire. L'acte de naissance sera inscrit à la suite du rôle d'équipage.

XXVI. A l'arrivée du bâtiment dans le port du désarmement, le rôle d'équipage sera déposé au bureau du
préposé à l'inscription maritime, qui enverra une expédition de l'acte de naissance, de lui signée, à l'officier
de l'état civil du domicile des père et mère de l'enfant, si ce domicile est connu, pour y être inscrit
sur les registres.

XXVII. En cas de relâche du bâtiment dans un port
étranger, après une naissance, les officiers d'administration de la marine, capitaine, maître ou patron qui en
auront rédigé l'acte, seront tenus d'en déposer une expédition authentique entre les mains du commissaire des
relations commerciales, s'il y en a un.

Ce commissaire l'enverra au ministre de la marine,
qui en fera parvenir une copie, de lui certifiée, à l'officier de l'état civil du domicile du père de l'enfant,
ou de la mère si le père est inconnu, pour être inscrit
de suite sur les registres.

Nota. Il y aura un ou deux articles à rédiger pour
l'inscription aux registres, des reconnaissances d'enfant,
quand le titre *du mariage* sera définitivement adopté.

S E C T I O N II.

Des règles particulières aux Actes de mariage.

XXVIII. Avant la célébration du mariage, l'officier
de l'état civil fera deux publications, à dix jours d'intervalle, un jour de décadi, devant la porte de la maison
commune. Ces publications, et l'acte qui en sera dressé,
énonceront les prénoms, noms, professions et domiciles
des futurs époux, leurs qualités de majeurs ou de mineurs,
et les prénoms, noms, professions de leurs pères et mères.
Cet acte énoncera, en outre, les jours, lieu et heures
où les publications auront été faites ; il sera inscrit sur
un seul registre qui sera coté et paraphé, comme il est

dit en l'article VIII, et déposé, à la fin de chaque année, au greffe du tribunal de l'arrondissement.

XXIX. Un extrait de l'acte de publication sera et restera affiché à la porte de la maison commune, pendant les dix jours d'intervalle de l'une à l'autre publication. Le mariage ne pourra être célébré avant le troisième jour depuis et non compris celui de la seconde publication.

XXX. Si le mariage n'a pas été célébré dans l'année à compter de l'expiration du délai des publications, il ne pourra être célébré qu'après que de nouvelles publications auront été faites dans la forme ci-dessus prescrite.

XXXI. Les actes d'opposition au mariage seront signés sur l'original et sur la copie, par les opposans, ou par leurs fondés de procuration spéciale et authentique ; ils seront signifiés, avec la copie de la procuration, à la personne ou au domicile des parties, et à l'officier de l'état civil, qui mettra son *visa* sur l'original.

XXXII. L'officier de l'état civil fera, sans délai, une mention sommaire des oppositions sur le registre des publications ; il fera aussi mention, en marge de l'inscription desdites oppositions, des jugemens définitifs ou acquiescés, ou des actes de main-levée dont expédition lui aura été remise.

XXXIII. En cas d'opposition, l'officier de l'état civil ne pourra célébrer le mariage avant qu'on lui en ait remis la main-levée, sous peine de 300 francs d'amende, et de tous dommages-intérêts.

XXXIV. S'il n'y a point d'opposition, *il en sera fait* mention dans l'acte de mariage ; et si les publications ont été faites dans plusieurs communes, les parties remettront un certificat délivré par l'officier de l'état civil de chaque commune, constatant qu'il n'existe point d'opposition.

XXXV. L'officier de l'état civil se fera remettre l'acte de naissance de chacun des futurs époux. Celui qui serait dans l'impossibilité de se le procurer, pourra le suppléer en rapportant un acte de notoriété délivré par le juge de paix du lieu de sa naissance, ou par celui de son domicile.

XXXVI. L'acte de notoriété contiendra la déclaration, par sept témoins de l'un ou de l'autre sexe, parens ou non parens, des prénoms, nom, profession et domicile du futur époux, et de ceux de ses père et mère, s'ils sont connus ; le lieu et , autant que possible, l'époque de sa naissance, et les causes qui empêchent d'en rapporter l'acte. Les témoins signeront l'acte de notoriété avec le juge de paix ; et s'il en est qui ne puissent ou ne sachent signer, il en sera fait mention.

XXXVII. L'acte de notoriété sera présenté au tribunal de première instance du lieu où doit se célébrer le mariage. Le tribunal, après avoir entendu le commissaire du Gouvernement, donnera ou refusera son homologation, selon qu'il trouvera suffisantes ou insuffisantes les déclarations des témoins et les causes qui empêchent de rapporter l'acte de naissance.

XXXVIII. L'acte authentique du consentement des pères et mères ou aïeuls et aïeules, ou à leur défaut celui de la famille, contiendra les prénoms, noms, professions et domiciles du futur époux, et de tous ceux qui auront concouru à l'acte, ainsi que leur degré de parenté.

XXXIX. Le mariage sera célébré dans la commune ou l'un des deux époux aura son domicile. Ce domicile, quant au mariage, s'établira par six mois d'habitation continue dans la commune.

XL. Le jour désigné par les parties , après les délais des publications , l'officier de l'état civil, dans la maison commune, en présence de quatre témoins parens ou non parens , fera lecture aux parties des pièces ci-dessus mentionnées , relatives à leur état et aux formalités du mariage. Il recevra de chaque partie, l'une après l'autre , la déclaration qu'elles veulent se prendre pour mari et femme ; il prononcera, au nom de la loi, qu'elles sont unies par le mariage ; et il en dressera acte sur-le-champ , qui sera signé par lui, par les époux et par les témoins. Si quelques-uns d'entre eux ne savent ou ne peuvent signer , il en sera fait mention.

XLI. On énoncera dans l'acte de mariage,

1.° Les prénoms, noms, professions, âge, lieux de naissance et domiciles des époux ;

2.° S'ils sont majeurs ou mineurs ;

3.° Les prénoms, noms , professions et domiciles des pères et mères ;

4.° Le consentement des pères et mères, aïeuls et aïeules , et celui de la famille dans les cas où ils sont requis ;

5.° Les publications dans les divers domiciles ;

6.º Les oppositions s'il y en a eu , leur main-levée , ou la mention qu'il n'y a point eu d'oppositions ;

7.º La déclaration des contractans de se prendre pour époux , et la prononciation de leur union par l'officier public ;

8.º Les prénoms , noms , âge , professions et domiciles des témoins , et leur déclaration s'ils sont parens ou alliés des parties , de quel côté et à quel degré.

SECTION III.

Des règles particulières aux Actes de divorce.

ART.

Nota. Cet article ne pourra être rédigé que lorsque le titre *du divorce* sera définitivement adopté.

SECTION IV.

Des règles particulières aux Actes de décès.

XLII. Aucune inhumation ne sera faite sans une ordonnance de l'officier de l'état civil, qui ne pourra la délivrer qu'après s'être transporté auprès du cadavre pour s'assurer du décès , et que vingt-quatre heures après le décès , hors les cas prévus par les réglemens de police.

XLIII. L'acte de décès sera dressé par l'officier de l'état civil , sur la déclaration de deux témoins. Ces témoins seront , s'il est possible , les deux plus proches parens ou voisins , ou , lorsqu'une personne sera décédée hors de son domicile , la personne chez laquelle elle sera décédée et un parent ou autre.

XLIV. L'acte de décès contiendra les prénoms , nom , âge , profession et domicile de la personne décédée ; les prénoms et nom de l'autre époux , si la personne décédée était mariée ou veuve ; les prénoms , noms , âge , professions et domiciles des déclarans ; et s'ils sont parens , leur degré de parenté.

Le même acte contiendra de plus , en tant qu'on pourra le savoir , les prénoms , noms , profession et domicile des père et mère du décédé , et le lieu de sa naissance.

XLV. En cas de décès dans les hôpitaux militaires ou autres maisons publiques , les supérieurs , directeurs , administrateurs et maîtres de ces maisons , seront tenus d'en donner avis , dans les vingt-quatre heures , à l'officier de l'état civil , qui s'y transportera pour dresser l'acte de décès sur les déclarations qui lui auront été faites , et sur les renseignemens qu'il aura pris concernant les mentions à faire dans l'acte de décès, suivant l'article précédent.

Il sera tenu en outre , dans les hôpitaux , des registres destinés à inscrire ces déclarations et ces renseignemens.

L'officier de l'état civil enverra l'acte de décès à celui du dernier domicile de la personne décédée , qui l'inscrira sur les registres.

XLVI. Lorsqu'il y aura des signes ou indices de mort violente , ou d'autres circonstances qui donneront lieu de le soupçonner , on ne pourra faire l'inhumation qu'après qu'un officier de police , assisté d'un officier de santé , aura dressé procès-verbal de l'état du cadavre , et des circonstances y relatives , ainsi que des renseignemens qu'il aura pu recueillir sur les prénoms , nom , âge , profession , lieu de naissance et domicile de la personne décédée.

XLVII. L'officier de police sera tenu de transmettre de suite à l'officier de l'état civil du lieu où la personne sera décédée , tous les renseignemens énoncés dans l'art. XLVI, d'après lesquels l'acte de décès sera rédigé. Il sera inscrit le même jour sur les registres.

L'officier de l'état civil en enverra une expédition à celui du domicile de la personne décédée, s'il est connu.

XLVIII. Les greffiers criminels seront tenus d'envoyer, dans les vingt-quatre heures de l'exécution des jugemens portant peine de mort , à l'officier de l'état civil du lieu où le condamné aura été exécuté , tous les renseignemens énoncés en l'art. XLVI, d'après lesquels l'acte de décès sera rédigé et inscrit le même jour sur les registres.

XLIX. En cas de décès dans les prisons ou maisons de reclusion , il en sera donné avis sur-le-champ par les concierges ou gardiens , à l'officier de l'état civil, qui s'y transportera , comme il est dit en l'art. XLV , rédigera l'acte de décès et l'inscrira sur les registres.

L. Dans tous les cas de mort violente ou en prison, ou d'exécution à mort , il ne sera fait sur les registres aucune mention de ces circonstances, et les actes de décès seront simplement rédigés dans les formes prescrites par l'art. XLVI.

LI. En cas de décès pendant un voyage de mer, il en sera dressé acte dans les vingt-quatre heures, en présence de deux témoins pris parmi les officiers du bâtiment, ou à leur défaut parmi les hommes de l'équipage; savoir, sur les bâtimens de l'État, par l'officier d'administration de la marine; et sur les bâtimens appartenant à un négociant ou armateur, par le capitaine, maître ou patron du navire.

L'acte de décès sera inscrit sur le rôle d'équipage du bâtiment, en marge du nom de l'individu décédé, et signé par celui qui l'aura rédigé et par les témoins; ou si les témoins ne peuvent ou ne savent signer, il en sera fait mention.

A l'arrivée du bâtiment dans le port du désarmement, le rôle d'équipage sera déposé au Bureau du préposé à l'inscription maritime; il enverra expédition de l'acte de décès, de lui signée, à l'officier de l'état civil du domicile du décédé, qui l'inscrira de suite sur les registres.

LII. En cas de relâche du bâtiment dans un port étranger, après un décès, les dispositions de l'art. XXVII, section I.re, seront observées.

SECTION V.

Des Actes de l'État civil concernant les Militaires hors du territoire de la République.

LIII. Les actes de l'état civil faits hors du territoire de la République, concernant des militaires ou autres personnes employées à la suite des armées, seront rédigés dans les formes prescrites par les dispositions du présent titre, sauf les exceptions contenues dans les articles suivans.

LIV. L'adjudant-major, dans chaque corps d'un bataillon et au-dessus, et le capitaine commandant dans les corps au-dessous, rempliront les fonctions d'officier de l'état civil : ces mêmes fonctions seront remplies, pour les officiers sans troupes, et pour les employés de l'armée, par le sous-chef de l'état-major de l'armée ou d'un corps d'armée.

LV. Il sera tenu, dans chaque corps de troupe, un registre pour les actes civils relatifs aux individus de ce corps, et un autre à l'état-major de l'armée ou d'un corps d'armée, pour les actes civils relatifs aux officiers sans troupes et aux employés : ces registres seront conservés de la même manière que les autres registres des corps et états-majors, et déposés aux archives de la guerre, à la rentrée des corps ou armées sur le territoire de la République.

LVI. Les registres seront cotés et paraphés, dans chaque corps, par l'officier qui le commande ; et à l'état-major, par le chef de l'état-major général.

LVII. Les déclarations de naissance à l'armée, hors du territoire de la République, seront faites dans les dix jours qui suivront l'accouchement.

LVIII. L'officier chargé de la tenue du registre de l'état civil, devra, dans les dix jours qui suivront l'inscription d'un acte de naissance audit registre, en adresser un extrait à l'officier de l'état civil du dernier domicile du père de l'enfant, ou de la mère si le père est inconnu.

LIX. Les publications de mariage des militaires et employés à la suite des armées qui sont hors du territoire de la République, seront faites au lieu de leur dernier domicile ; elles seront mises en outre, vingt-cinq jours avant la célébration du mariage, à l'ordre du jour du corps, pour les individus qui tiennent à un corps ; et à celui de l'armée ou du corps d'armée, pour les officiers sans troupes et pour les employés qui en font partie.

LX. Immédiatement après l'inscription sur le registre, de l'acte de célébration du mariage, l'officier chargé de la tenue du registre en enverra une expédition à l'officier de l'état civil du dernier domicile des époux.

LXI. Les actes de décès seront dressés dans chaque corps par l'adjudant-major, et pour les officiers sans troupes et les employés, par le sous-chef de l'état-major de l'armée, sur l'attestation de trois témoins ; et l'extrait de ces registres sera envoyé dans les dix jours à l'officier de l'état civil du dernier domicile du décédé.

LXII. En cas de décès dans les hôpitaux militaires ambulans ou sédentaires, l'acte en sera rédigé par le directeur desdits hôpitaux, et envoyé à l'adjudant-major du corps, ou au sous-chef de l'état-major de l'armée ou corps d'armée dont le décédé faisait partie, qui en fera parvenir une expédition à l'officier de l'état civil du dernier domicile du décédé.

LXIII. L'officier de l'état civil du domicile des parties,

(11)

auquel il aura été envoyé de l'armée expédition d'un acte, sera tenu de l'inscrire sur les registres.

SECTION VI.

De la Rectification des Actes de l'état civil.

LXIV. Lorsque la rectification d'un acte de l'état civil sera demandée, elle sera ordonnée, s'il y a lieu, par le tribunal compétent, contradictoirement avec toutes les parties intéressées, et sur les conclusions du commissaire du Gouvernement, sauf l'appel.

LXV. Le jugement de rectification ne pourra, dans aucun temps, être opposé aux parties intéressées qui ne l'auraient point requise ou qui n'y auraient pas été appelées.

LXVI. Les jugemens de rectification rendus en dernier ressort, ou passés en force de chose jugée, seront inscrits sur les registres publics par l'officier de l'état civil, aussitôt qu'ils lui auront été remis, et mention en sera faite en marge de l'acte réformé.

À PARIS, DE L'IMPRIMERIE DE LA RÉPUBLIQUE.
24 Brumaire an X.

10